AMBOISE

EN 1465.

EXTRAIT DE RECHERCHES HISTORIQUES SUR LA VILLE ET LE CHATEAU D'AMBOISE

(INÉDITES).

Par St. Cartier,

Directeur de la Revue numismatique; l'un des membres fondateurs de la Société des Antiquaires de l'Ouest; Correspondant du Ministère de l'Instruction publique pour les travaux historiques; des Antiquaires de France, de Normandie et de la Morinie; Membre associé de la Société numismatique de Londres; des Sociétés archéologiques et littéraires de Tours, Blois, Amiens et Falaise.

PARIS,

CHEZ TECHENER, PLACE DU LOUVRE, 12.

1839.

AMBOISE

EN 1465.

Louis d'Amboise, vicomte de Thouars, prince de Talmont, seigneur d'Amboise (1), ayant pris part à un complot dirigé contre Georges de la Trimouille, ministre favori de Charles VII, fut condamné à mort par arrêt du parlement séant à Poitiers, le 8 mai 1431, en présence du roi, qui commua la peine en une prison perpétuelle; ses biens furent confisqués et donnés à la Trimouille, qui n'en jouit pas longtemps. Le complot, mieux ourdi, finit par réussir; le connétable lui-même, Arthur de Bretagne, comte de Richemond, fit enlever la Trimouille à Chinon, presque sous les yeux de Charles VII, qui fut forcé de l'abandonner. En 1434, Louis d'Amboise fut réintégré dans tous ses biens, excepté Amboise et quelques autres terres; cette baronnie resta à la couronne jusqu'à son échange avec M. de Choiseul pour la terre de Pompadour en 1764 (2).

Charles VII, dont le royaume envahi par les Anglais semblait, pour ainsi dire, concentré entre Bourges, Poitiers et Tours, trouva la position d'Amboise heureuse et utile à la tranquillité de la Touraine, comme Loches et Chinon, ses séjours habituels jusqu'à l'expédition de Jeanne d'Arc. Le château, depuis longtemps délaissé par ses seigneurs, fut mis à l'abri d'un coup de main et réparé de manière à pouvoir y loger la cour, lorsqu'on voulut se rapprocher de Paris; la ville fut entourée de murs, ou du moins on augmenta ceux qui existaient (3).

Louis XI aimait cette ville, et s'il préféra la demeure bizarre qu'il s'était fait construire au Plessis-lez-Tours, il venait souvent à Amboise, ses enfants y furent élevés, et il fit ajouter plusieurs bâtiments au château. Les Amboisiens avaient tout gagné au changement de maîtres, car leur pays n'était pour les anciens seigneurs qu'une propriété territoriale, une source de revenus : le séjour des rois leur procura beaucoup d'avantages et donna de l'importance à leur ville; aussi furent-ils fidèles à la couronne dans toutes les circonstances difficiles des règnes de Charles VII et de son successeur, ainsi que dans les guerres intestines qu'amena la prétendue réforme religieuse sous les fils de Henri II.

Louis XI, qui ne doutait pas de la fidélité des habitants d'Amboise, leur donna une marque de confiance remarquable en 1465, en leur remettant exclusivement la garde de la ville et du château où la reine était logée. Cet épisode historique, peu important au fond, offre quelques détails qui ne sont pas sans intérêt, soit pour étudier les formes de notre administration urbaine à cette époque, soit pour observer les rapports qui s'établirent en cette circonstance entre les citoyens d'une petite ville et un roi ordinairement si absolu dans ses volontés, si violent dans leur exécution. Ces documents sont tirés des archives de l'hôtel-de-ville d'Amboise; je ne fais, pour ainsi dire, que les copier (4).

L'année 1465 est célèbre par la révolte des ducs de Bourgogne, de Bretagne et de Bourbon, contre leur suzerain le roi de France. En lisant l'histoire de cette guerre, si improprement appelée *du bien public*, on ne sait de quoi s'étonner davantage, ou des fautes commises des deux côtés, ou du peu de résultats de si grands préparatifs. Il est certain que l'autorité royale fut alors gravement compromise; réduite à combattre ceux qui devaient être ses plus fidèles serviteurs, elle eût succombé si le principe de la légitimité, qui avait sauvé la France de l'usurpation anglaise, n'eût pas été assez vivant pour rendre sans but la coalition formidable à la tête de laquelle s'était laissé mettre le propre frère du roi. Je n'ai point à faire ici l'histoire de cette ligue formée par la haine que tous les grands vassaux portaient à Louis XI, qui le leur rendait bien; je m'en tiendrai à ce qui touche à nos annales amboisiennes.

Louis XI, partant pour aller combattre le duc de Bourbon, qu'il croyait avoir le temps de réduire avant la réunion des troupes de Bourgogne et de Bretagne, était à Amboise le 24 avril 1465; il fit venir les *gens* de la ville « ausquels après
» plusieurs parolles qui leur dist leur bailla la charge et
» garde des ville et chastel d'Amboise et en demist et ousta
» le sieur de Baugy nommé Jehan de Bar qui lors estoit
» capitaine dudit chastel, et fist bailler les clefs d'icellui
» chastel par N. de Bar fils dudit sieur Jehan de Bar qui
» lors estoit ondit chastel, ausdits habitans qu'ils prindrent
» et receurent. Et leur dist ledit seigneur qui leur bailloit
» la charge et garde des chastel et ville d'Amboise et qu'ils
» gardassent ledit chastel dix à dix ou six à six, et qu'ils
» apportassent leur pot et cuiller ondit chastel et qu'ils beus-
» sent de ses vins qui lors y estoient et qu'ils ne rendissent
» la ditte place sinon à lui, et oultre leur dist qu'il feroit
» venir la Royne qui estoit lors à Tours ondit chastel, et
» donna ausdits habitans vingt brigandines pour la garde
» de laditte ville. »

Tel était le compte rendu le 5 mai par les deux élus Julien Lopin et Jean Ancheron, aux principaux habitants, conseil municipal d'alors, réunis au château d'Amboise *en la sale du moyen estage de la maison neufve faite en icelui* (5). Il s'agissait d'aviser aux moyens d'exécuter les volontés du roi, et d'organiser le service pour la garde de la ville et du château. Il fut décidé que, de jour, six hommes des plus vigoureux (*les plus puissants*) seraient de garde à la porte du château et autant à chaque porte de la ville, et que la nuit ce nombre serait doublé de gens moins forts (*les non puissants*) pour faire le *rezeguet*.

Dans une assemblée du 15 mai, on ordonna quelques travaux à faire aux fortifications et des palissades où il en serait besoin. Une visite générale des murailles fut confiée aux élus, qui le 21 juin rendirent compte de cette opération; ils indiquèrent plusieurs petites brèches à boucher, des fenêtres et portes donnant sur les murs à supprimer, etc. On les chargea de veiller à ce que tout fût exécuté promptement; on décida que les *deseniers*, chacun dans son canton, feraient ce qui avait été ordonné, ainsi que des *rateaux* et *barbecanes* sur la muraille, et que chaque habitant se pourvoirait d'un *baston* pour se défendre.

Le 4 juillet, Jean Desquartes, lieutenant du bailli d'Amboise, qui présidait l'assemblée, dit, au nom du roi, que, vu les divisions qui agitaient le royaume, et pour aider à faire les réparations nécessaires aux fortifications, il fallait que les habitants s'imposassent sur eux-mêmes la somme de deux cents livres tournois (environ 1,000 francs d'aujourd'hui), qui, plus tard, serait remboursée aux prêteurs sur les deniers communs de la ville. Tous furent d'avis de lever cette somme, et de l'employer principalement à faire des douves au long de la muraille du côté de la rivière. On nomma les sieurs Guillaume Pasquier et Jean Perthuis pour percevoir cet emprunt et en délivrer les fonds sur le mandat d'au moins quatre des sept commissaires qui furent nommés dans la même séance pour faire faire les réparations convenues (6).

Cependant la guerre était commencée, et le roi, impatient de gagner Paris pour empêcher les Bourguignons d'y entrer, s'avançait du Bourbonnais vers cette ville, avec la crainte que la jonction prochaine des principaux confédérés ne vînt le mettre dans un grand embarras. Il rencontra l'armée du comte de Charolais près de la capitale, et la bataille se donna devant le château de Montléry le 16 juillet. On sait que la victoire fut douteuse; chaque parti se l'attribua, et, en effet, chacun était arrivé à son but principal : Louis XI entra dans Paris, et le comte fit sa jonction avec les Bretons à Étampes. Mais il n'est pas moins vrai qu'au premier moment, vainqueurs ou vaincus, tous abandonnèrent le champ de bataille, et que plusieurs coururent en sens opposés, *de manière à ne se pas mordre,* dit Commines. Il existe à l'hôtel-de-ville d'Amboise deux lettres signées de Louis XI qui confirment ce que l'histoire rapporte sur cette bataille. En voici le contenu.

La suscription porte : « A noz chers et bien amez les bourgois (*sic*) et habitans d'Amboise. »

« De par le Roy. Chers et bien amez, nous pensons que
» avez bien sceu la journée qui fut mardi dernier entre nous
» et les Bourguignons. Là où graces à Dieu eusmes victoire
» de nos ennemis et ont esté de quatorze à quinze cens mors
» et trois ou quatre cens prisonniers et y est mort le bastard
» de Bourgogne et plusieurs autres chevaliers et seigneurs;
» et depuis ont esté que mors que prins plus de deux mille
» qui s'enfuyoient vers le pont St-Cloud, et le dit pont
» gaigné sur eulx. Nous avons aussi recouvert nostre ville
» de Laigny et le pont St-Maixence, au quel pont Saint-
» Maixence ont esté que prins que mors de quatre à cinq
» cens et y a esté prins le sieur Desmeriz et le sieur Dinchy;
» et d'aultre part le conte (*sic*) de Charroloiz et le conte de

» St-Pol s'en sont departys et ont brullé grant partie de
» leurs chariots et est tousiours demourée la place en nostre
» obéissance; et à l'ayde de Dieu, mais que noz gens soient
» ung peu rafraichiz, avons entencion de nous mectre sur
» les champs après eulx. Et pourceque avons entendu
» qu'eulx tirent devers notre frère et sur la rivierre de Loire,
» et qu'ils se veullent efforcer de gaigner passages sur la
» dite rivierre, nous vous advertissons de ces choses, vous
» prians et deffendans sur la loyaulté et obéissance que vous
» nous devez que vous ne leur faciez aucune obéissance ou
» ouverture ne à nostre frere, aux Bretons ne à leurs adhe-
» rens et complices. Ainçois faites leur toute la resistance
» qui vous sera possible et leur portez tout le dommage que
» vous pourrez; et affin que vous puissiez mieulx resister à
» l'encontre des dessusdits, nous escrivons presentement
» aux contes de Painthievre, vidame de Chartres, et sei-
» gneur de Bressure, lesquels ont bien de deux à trois cens
» hommes d'armes, et pareillement aux francs archers qui
» sont de là la ditte riviere en grant nombre, qu'ils se vie-
» gnent joindre avec vous et loger par les bonnes villes ainsi
» qu'il leur semblera estre necessaire pour la defense d'icel-
» les et eux garder qu'ils ne passent la ditte riviere. Et
» soyez certains que nous serons en brief auprès de vous
» pour vous donner tout le confort et secours que nous sera
» possible, et avecque le plaisir de Dieu aucun inconvenient
» ne vous en adviendra. Si veuillez ainsi faire ce que dessus
» est dit en acquitant la bonne loyaulté que avons envers
» nous trouvé en vous, et en avons nostre confiance. Et en
» faisant ouverture et baillant logeiz ausdits conte de Pain-
» thièvre, vidame de Chartres, seigneur de Bressure et
» leurs gens et aussi ausdits francs archers en vostre ville
» ainsi que entre vous sera advisé tant pour la garde d'icelle

» comme pour garder que lesdits ennemis ne passent delà
» ladite riviere, si aucun mal ou dommage vous est par eulx
» fait, nous vous en ferons faire telle reparation que devrez
» estre contens, comme plus à plain avons chargé à nostre
» amé et féal maistre d'ostel Hardouyn du Boys vous dire
» et exposer de par nous, lequel veuillez croire de ce qu'il
» vous dira de nostre part. Donné à Paris le xx° jour de
» juillet. » *Signé* LOYS, et plus bas LE PREVOST.

2ᵉ LETTRE. « De par le Roy. Chers et bien amez vous avez
» sceu la rencontre qui a esté à Montlehery entre nous et le
» conte de Charolloys, en laquelle, grace à nostre Seigneur,
» avons eu le meilleur en toutes façons, car il y a eu plus
» de dix, voire plus de xv des Bourguignons que mors que
» prins contre ung de noz gens. Toutesvoyes, pourceque
» aucuns de nos gens qui s'en sont alez par delà tendent que
» les choses soient en autres termes qu'elles ne sont, et à
» ceste occasion s'en sont retournez en leurs hostels, les
» aucuns les autres n'ont point été recueilliz en nostre ville
» de Tours à Amboise et ailleurs de par delà, dont est à
» doubter que aucun inconvenient en aviegne. Nous, pour
» ces causes, vous mandons et commandons bien expresse-
» ment que recueillez en nostre dite ville d'Amboise tous les
» gens de guerre de nostre parti qui sont partiz de ladite
» journée et venus en nostre dite ville d'Amboise, ou qui à
» l'occasion d'icelle ont tiré par delà et souffrez et permectez
» qu'ils se puissent mectre en point en la dite ville d'Am-
» boise et de tout ce qu'il leur fauldra, et leur dictes qu'ils
» se joignent avec nostre bel oncle du Maine, auquel man-
» dons qu'il les recueille tous; et quand nostre dit oncle
» s'en vouldra venir par deçà, ou renvoyer aucuns desdits
» gens de guerre, donnez-leur passage et tout le conseil,
» confort et ayde qui vous seront possibles, et en ce ne faites

» aucune difficulté. Donné à Paris le xxvj⁰ jour de juillet. »
Signé LOYS, et plus bas Rolant.

On voit par ces deux lettres que Louis XI, aussi embarrassé après la *rencontre* de Montléry qu'avant, cherchait à prévenir les suites assez probables d'un pareil événement. S'il avait confiance dans les habitants d'Amboise, il voulait néanmoins s'assurer de leur dévoûment en leur annonçant sa victoire qui eût pu leur paraître douteuse par l'approche de l'armée ennemie, ou par l'arrivée de véritables fuyards de l'armée royale. On y découvre encore la faiblesse des moyens de résistance qu'on aurait eu à opposer en Touraine aux confédérés, s'ils eussent poussé vigoureusement la guerre ; mais la division se mit parmi eux, le roi en profita, et les négociations commencèrent bientôt.

Le 16 du mois suivant, une lettre du bailli de Rouen ayant appris aux habitants que le comte du Maine avait nommé M. de Montsoreau pour avoir le commandement de la ville et du château, avec une garnison de vingt *lances*, on délibéra sur ce qu'on devait faire. Jehan de Pocé, seigneur de Nazelles, fut d'avis que, le roi leur ayant confié la garde de la ville et du château, on devait prendre ses ordres avant de recevoir une garnison. Toute l'assemblée partagea cette opinion, et l'on décida « de ne recevoir aucunes lances ni
» gens de guerre sans avoir décharge valable du roi et exprès
» mandement de lui ; et que, pour cela, il fallait envoyer
» devers le roi un homme ou deux aux dépens de la ville. »

Il fut arrêté, en outre, que les gens d'église feraient *guet et porte* comme les autres habitants, et il fut enjoint à M. de Maulny, capitaine de la ville, de faire payer dix sols tournois d'amende à ceux qui manqueraient au guet ou rezeguet, et de ne recevoir personne qui ne fût capable de faire le service.

A la fin de la séance, M. de Montsoreau présenta lui-même les lettres du comte du Maine, et l'ordonnance qui le nommait commandant de la ville et du château (7). On lui fit part de la délibération qui venait d'être prise ; mais il dit qu'il n'attendrait pas la réponse du roi, et que sa troupe était près de la ville. Cependant on se transporta avec lui au château près de Sa Majesté la reine, à qui, après lui avoir rendu compte de ce qui précède, on offrit de remettre les clefs, en lui demandant un délai pour envoyer prendre les ordres du roi, ce qu'elle accorda.

Jean Perthuis fut chargé de cette mission, et partit sur-le-champ pour aller trouver Louis XI en Normandie, et lui remettre la lettre des habitants d'Amboise (8). Dans une délibération du 7 mars 1466, on trouve qu'il lui fut alloué pour son voyage un écu d'or (11 à 12 fr. d'aujourd'hui).

Le 24, Jean Perthuis était de retour avec une lettre du roi qui disait que son plaisir était que M. de Montsoreau et ses vingt lances *soient logés au dedans de la ville pour la garnison d'icelle*. La reine désirait savoir ce que les habitants décideraient. Le résultat de la délibération fut qu'il fallait solliciter un nouveau délai pour renvoyer vers le roi, afin de lui remontrer que par sa lettre il ne décharge point les habitants de la garde du château et de la ville; et que, dans tous les cas, on remettrait les clefs à la reine *pour en faire et ordonner à son bon plaisir*. On se rendit, en conséquence, au château pour faire part à Sa Majesté de la décision prise par l'assemblée : on lui présenta les clefs, qu'elle refusa de prendre; mais elle se chargea d'envoyer les lettres du roi à M. de Montsoreau.

Les choses en restèrent là, et les Amboisiens continuèrent à remplir la charge qu'ils tenaient du roi. Leur ténacité est d'autant plus remarquable, en cette occurrence, que M. de

Montsoreau était beau-père de leur dernier seigneur, Louis d'Amboise : ce qui, au reste, fut peut-être le véritable motif d'un refus dissimulé prudemment sous d'autres prétextes plus spécieux que solides. Nicole de Montsoreau, deuxième femme de Louis d'Amboise, veuve en 1469, fut la maîtresse de Charles, frère de Louis XI, et en eut plusieurs enfants. Cette liaison, qui peut-être était commencée en 1465, devait encore inspirer de la défiance au roi, qui fut toujours mal avec son frère alors en guerre avec lui.

Le 20 septembre, nouvelle assemblée pour traiter *du fait et gouvernement de la ville et du chastel d'Amboise*. On prit diverses mesures pour augmenter la garde du château et pour réparer quelques parties des fortifications de la ville, celles du château devant se faire *aux despens du roy*. Il fut arrêté que « ceulx qui doresnavant fauldront à aller à la porte du
» chastel seront executés de la somme de cinq sols qui se-
» ront convertis en ung aultre homme pour lui.... que les
» femmes vefues de la ville fourniront de lits pour ceulx qui
» font la porte ond. chastel, lesquels seront receus par les
» esleus qui les visiteront et rendront en la fin.... et que
» Guillaume Perrault notaire et Jehan Robert sergent yront
» par les villages faire information des tors que font les
» gens de M. le prince de Navarre pour lui remonstrer afin
» d'en faire pugnition, ou aultrement on y procedera par
» raison et justice. »

Enfin, le 21 octobre, MM. de Chabanais et du Bouchage apportèrent aux habitants d'Amboise réunis en assemblée générale, selon la manière accoutumée, la lettre suivante du roi :

« A nos chers et bien amez les manans et habitans de
» nostre ville d'Amboise. — Chers et bien amez nous en-
» voyons presentement par delà les sieurs de Chabenays et

» du Boschage et maistre Loys Le Mage ausquels nous avons
» chargé vous dire aucunes choses de par nous. Or les
» vueillez croire et adjouster plaine foy à ce qu'ilz vous di-
» ront de nostre part comme si nous mesme le vous disions.
» Donné à Paris le xj⁣ᵉ jour d'octobre. *Signé* LOYS, et plus
» bas Picart. »

Les envoyés du roi firent en même temps connaître ses volontés, et en rédigèrent une déclaration qu'ils remirent, signée par eux, à l'assemblée ; elle est ainsi conçue :

« Nous Jehan de Vendosme sire de Chabenays, Imbert de
» Baternay sire du Bouchage et Loys Le Mage notaire et se-
» crétaire de la royne, nommés es lettres de créance du roy
» nostre sire ausquelles ces presentes nos lettres de decla-
» ration de ladite créance sont atachées soubs nos signetz,
» certiffions à tous qu'il appartiendra que par vertu des let-
» tres du roy nostre dit seigneur et declaration de bouche
» par lui à nous donné, avons aujourd'hui dit et declaré
» aux mannans et habitans de la ville d'Amboise, es per-
» sonnes de maistre Jehan Desquartes licencié en lois lieu-
» tenant à Amboise pour le bailly on dit lieu, maistre Regnier
» Farineau procureur du roy ondit lieu, Julian Lopin et
» Jehan Ancheron esleus de la dite ville, Jehan Desquartes
» sieur de Maulny, Jehan Gaudron lesné, Regnier le Fuse-
» lier, Gillet le Houger, Florentin Prevost, Jehan Richart,
» Jehan Aguillon, Macé Martineau, Jehan Prevost et plu-
» sieurs aultres de ladite ville, que le plaisir du roy nostre
» dit seigneur estoit que nonobstant la bonne confiance qu'il
» a ausdits habitans pour la garde des ville et chastel dudit
» lieu d'Amboise, qu'il veult et ainsi l'a ordonné que Jehan
» Gresleul capitaine des francs archers de Touraine soit logé
» on chastel et danjon dudit lieu d'Amboise et avecques lui
» ses francs archers en tel nombre qu'il verra estre à faire

» incontinent la royne partie dudit lieu, pour la garde et
» seureté de la dite place, de laquelle il aura la charge pour
» la garder le plus convenablement que faire se pourra à
» ses perils et fortunes, et que les clefs des chambres dudit
» danjon et celles d'icellui danjon en soient baillées par ceulx
» qui les ont entre mains sans en faire aucune difficulté.
» Et tout ce nous certiffions ainsi avoir esté dit et commandé
» par le roi nostre dit seigneur. Et pour plus grant seureté
» donner ausdits habitans nous leurs avons donné ces pre-
» sentes signées de nos seings manuels le xxj^e jour d'octobre
» l'an mil iiij^c soixante cinq. *Signé* J. de Vendosme, Ymbert
» de Batarnay, L. Lemage. »

Si les habitants d'Amboise prenaient leurs précautions pour n'encourir aucun blâme de la part de Louis XI, en remettant trop facilement les clefs et la garde du château, le roi, de son côté, tenait à ce que, cette fois, sa volonté fût exécutée; mais pourtant il employait des moyens pour ainsi dire diplomatiques. On reconnaît, dans toutes ces petites négociations, le génie tracassier et bourgeois du roi qu'on regarde comme le type du despote, et qui ne le fut réellement qu'avec les grands; ses amis étaient choisis dans la classe moyenne de la société. Voici ce qu'il écrivit, en cette occasion, à Jacquelin Trousseau, maître d'hôtel de la reine, et résidant au château :

« Jacquelin, je vous envoie Grelet (9) que vous cognoissez
» bien, avec ses francs archers, pour ung rapport que l'on
» m'a fait qu'il vous dira en l'oreille. Mettez le dedans le
» chasteau d'Amboise, et là ordonnez leur logis ainsi que
» vous adviserez, et m'en ferez vous et lui bonne garde et
» qu'il n'y ait point de faulte. Donné à Paris le viij^e jour
» d'octobre. *Signé* LOYS. *Et plus bas* ROURRE. »

En conséquence de cette lettre, Trousseau, qui sans

doute jouissait d'une certaine considération parmi les Amboisiens, avait accompagné les envoyés du roi à l'assemblée, ainsi que Jean d'Estampes et Louis de Saint-Priest, également commensaux du château ; ils donnèrent aux habitants la déclaration suivante, qu'on trouve au bas de celle de MM. de Chabanais, Dubouchage et Le Mage :

« Nous Jacquelin Trousseau et Jehan d'Estampes, mais-
» tres d'ostels du Roy nostre Sire, avons esté et sommes
» d'oppinion et l'avons conseillé ausdits habitants qu'ils
» fassent selon le contenu cy-dessus, et oultre que les clefs
» du chastel et danjon dudit Amboise ils baillassent à la
» royne pour leur descharge, ce qu'ils ont fait en nostre
» présence ; en tesmoin de ce nous avons signé ces pré-
» sentes de nos seings manuels le xxj° jour d'octobre l'an
» mil iiij ᶜ soixante et cinq. Et à ce faire a esté semblable-
» ment messire Loys de Saint-Priet, seigneur de Saint-
» Priet, qui a esté de ceste opinion.

» *Signé* SAINT-PRIET. — J. TROUSSEAU. — D'ESTAMPES. »

« Après ce fait, dit le procès-verbal de la séance, tous
» les dessus dits habitants ont esté d'oppinion que on baille
» les clefs dudit chastel à la royne, et que leur semble que
» ce sera descharge vallable. Ce qui a esté fait, et les a
» prinses et depuis baillées audit Gresleul, et qui a esté
» logé audit danjon lui et aucuns de ses francs archers de
» Touraine.
» Et ont les dits habitans gardé ledit chastel et ville,
» ainsi que le Roy leur avoit dit et commandé, et à leurs
» despens, depuis le xxiij° jour d'avril dernier passé jus-
» ques à ce jourd'huy. »

Si on a eu lieu d'être surpris de la manière dont furent négligés les premiers ordres du roi, relativement à la commission donnée à M. de Montsoreau par le comte du Maine, en rapprochant ce qui se passa lors de la négociation relative à Gresleul, on s'explique la marche détournée suivie par Louis XI. Son *bel oncle* le comte du Maine avait tenu à la bataille de Montléry une conduite fort équivoque ; soit lâcheté, soit trahison, il avait abandonné le roi dans un moment critique, et dès lors sa disgrâce fut décidée. Il fallait pourtant le ménager jusqu'à ce qu'on se fût tiré, à force de négociations et d'intrigues, des embarras dans lesquels on était plongé. Aussi Louis XI, tout en répondant par une lettre ostensible aux habitants d'Amboise de recevoir M. de Montsoreau, dont le choix devait augmenter sa défiance, chargea vraisemblablement Jean Perthuis d'instructions confidentielles pour la reine et pour les principaux citoyens, afin que le *très-cher et grant ami* du comte du Maine fût éconduit. Plus tard *Grelet* dit, sans doute, *en l'oreille* de Jacquelin Trousseau, que le roi, prêt à disgrâcier complétement son oncle, voulait mettre à Amboise une garnison plus forte, commandée par un homme sûr qui, de concert avec les Amboisiens, pût défendre la ville et le château contre une surprise ou une attaque sérieuse. On voit encore ici le dissimulé Louis XI donner plus entière confiance à ses *compères* Grelet et Trousseau qu'à ses envoyés J. de Vendôme et Imbert de Batarnay, gens, à coup sûr, beaucoup plus distingués. Les principaux habitants, mis dans la confidence, cédèrent sans hésiter, et reçurent Gresleul, en se faisant donner toutes les garanties propres à constater leur fidélité ; ils en ont conservé des titres honorables, comme nous venons de le voir.

Il est vrai que les Amboisiens n'eurent à s'enorgueillir dans tout cela que de la confiance du roi et du zèle qu'ils mirent à la justifier ; l'ennemi ne vint pas leur fournir l'occasion de montrer leur force et leur courage. Mais nous ne devons pas douter qu'ils n'eussent bravement soutenu un siége, et qu'ils ne s'en fussent tirés avec autant de gloire que les bourgeois de Saint-Jean-de-Lône, en 1636; ce serait une belle page à ajouter à l'histoire d'Amboise, qui, au commencement du xie siècle, offre comme fait militaire des plus glorieux la résistance de la ville à toutes les forces du comte d'Anjou, Foulques le Réchin, forcé de se retirer après cinq semaines d'attaques vigoureusement repoussées (10).

NOTES ET PIÈCES JUSTIFICATIVES.

(1) Louis d'Amboise descendait de Lizois, gentilhomme originaire du Maine, qui reçut en dot, vers 1014, en épousant Hersende de Buzançais, la tour d'Amboise et ses dépendances. En récompense de ses services, Foulques Nerra, comte d'Anjou, qui possédait une grande partie de la Touraine, lui confia le commandement des châteaux de Loches et d'Amboise; ce dernier domaine et tout ce que les comtes d'Anjou avaient dans le pays fut donné, vers 1100, par Geoffroy Martel II, à Hugues Ier, seigneur d'Amboise, petit-fils de Lizois.

(2) On trouve dans les archives d'Amboise un document qui prouverait que, dès l'année 1428, Amboise était entre les mains du roi. Par des lettres patentes du 6 février 1431 (1432 N.-S.), Charles VII accorde aux habitants d'Amboise la continuation d'un droit d'*appetissement* d'un huitième sur le vin pour servir à la réparation des ponts et fortifications, et il est dit que ce droit avait été précédemment accordé par le *roi jusques à trois ans, à commencer du jour que iceluy appetissement seroit mis sus, desquels trois ans sont finis dès*

le xxviii*e jour de janvier dernier passé*. Ainsi l'établissement de ce droit date au moins du 28 janvier 1429. Pierre II d'Amboise, oncle et prédécesseur de Louis, avait voulu rester neutre entre le roi d'Angleterre et le dauphin de France, à la fin du règne de Charles VI : peut-être s'assura-t-on dès-lors d'Amboise comme avant-poste de Tours.

(3) L'ancien château bâti par les Romains avait été détruit d'abord par les Bagaudes qui n'y laissèrent pas pierre sur pierre, vers l'année 250, puis par les Normands, sous nos rois de la 2e race. Il n'avait jamais été très-considérable sous les comtes d'Anjou; son enceinte était trop rétrécie, et sa position faisait toute sa force avant l'invention de l'artillerie. Lorsqu'il devint la propriété des fils de Lizois, il fut sans doute augmenté des débris de l'ancienne tour d'Amboise; mais le peu d'importance de cette seigneurie ne dut pas en donner beaucoup à ces nouvelles constructions dont il reste peu de vestiges, si ce n'est dans les murs d'enceinte qui soutiennent la masse du rocher et une partie des fortifications du côté de la porte des Lions. La ville était entourée de murs, car on avait établi le droit sur le vin, en 1429, sur la ville, paroisses et chastellenie, « pour tourner, convertir et employer le proffit qui en
» issiroit en la reparation d'un grant pan de mur qui, par grant
» inondation d'eaue, avoit esté demoly et mis à ruyne, et aussi es
» autres reparations necessaires de la ditte ville et des ponts et for-
» tifications d'icelle.... la quelle, pour le present a plus grant be-
» soing et mestier de reparations, et maintenant que oncques,
» mesmement que elle est en frontière et fort enviée par nos enne-
» mis et adversaires qui souvent concourent près et davant icelle,
» pourquoy se elle estoit surprise par faulte de reparation ou que
» aucun inconvenient n'avenist, ce tourneroit à trop grant prejudice
» et dommaige irreparable de nous et de nos pays et seigneurie de
» Touraine et des autres pays de notre obeissance.... »

Charles VII fit vraisemblablement construire les murs neufs dont il est parlé sous Louis XI, entre les deux bras de l'Amasse, depuis le moulin jusqu'à la porte St-Denis et l'arche des marais.

(4) L'établissement de la mairie d'Amboise date de 1482; mais on voit qu'avant cette époque, l'assemblée générale des habitants nommait chaque année, au 2 février, deux élus et un receveur des

deniers communs. Cette assemblée était, à la vérité, présidée par un officier du roi, tel que le bailli, son lieutenant ou le procureur du roi; mais rien ne se décidait qu'à la pluralité des voix, notamment pour l'emploi des deniers communs. Il est vraisemblable que cette forme d'administration urbaine existait déjà sous les anciens seigneurs, en vertu d'une concession dont nous n'avons trouvé aucune trace. Les archives de la mairie ne commencent que de la prise de possession par l'autorité royale; on trouve seulement des comptes des receveurs depuis 1421.

(5) Cette *maison neuve* était l'édifice appelé des *Sept-Vertus*, construit par Louis XI sur les voûtes qui servent maintenant d'écuries, et alors de cuisines. Les assemblées de la ville se tenaient ordinairement dans l'*auditoire*, au-dessus de l'ancienne halle, ou dans la *Nonnerie*, vieux bâtiment sur l'emplacement duquel Louis XI fit construire en 1469 l'église actuelle de Notre-Dame, dite aussi de St-Florentin, comme l'église du château démolie en 1806; celle-ci existait sous les comtes d'Anjou, au commencement du xie siècle.

(6) Les sept commissaires nommés pour diriger les travaux pour la défense de la ville étaient, pour la plupart, des personnages importants du pays. Jean Gaudion, élu en 1458-1469; Pierre Pellé, en 1452-1468; Jean Morin, en 1458-1461; maître Jean Papillon, en 1466, il était seigneur de Vauberault à Nazelles; Jean Forget, d'une famille qui a donné plusieurs maires à Tours, il était seigneur d'Avisé près Amboise; maître Philippe Rémont; Etienne Tissard, père de François Tissard, savant helléniste et auteur de plusieurs ouvrages; Etienne avait été receveur en 1447 et 1448.

(7) *Lettre du comte du Maine.*

Le comte du Maine, etc.

Très-chers et bien amez, nous envoyons presentement par-delà, par le commandement et ordonnance de monseigneur le roy, nostre tres-cher et grant ami messire Jehan de Jambes *(sic)*, chevalier seigneur de Montsoreau conseiller chambellan et maistre d'ostel de mondit seigneur le roy, pour avoir la charge, garde et commandement des ville et chastel d'Amboise et de vingt hommes d'armes et les archers que luy avons ordonnez pour la seureté et garde des dites ville et chastel durant le temps de ces divisions. Et vous prions et néantmoins mandons de par monseigneur le roy et nous, que audit seigneur de Montsoreau, touchant le povoir qu'il a sur ce de nous et les choses dessusdites vous obeissez et entendez par toutes les manières à vous possibles, et luy donnez de vostre part tout le conseil et aide que vous pourrez et tout ainsi que vous feriez à nostre personne, sur toute l'obéissance et loyaulté que vous devez à mondit seigneur le roy. Et faîtes que en ce n'ait faute. Tres chers et bien amez le Saint-Esprit vous ait en sa garde.

Escript à Tours, le xiij^e j. d'aost.

Signé CHARLES.

Et plus bas, FEUDE.

La suscription porte : A nos chers et bien amez les manans et habitans de la ville d'Amboise.

Commission donnée à M. de Montsoreau.

Charles conte du Mayne, de Guise, de Mortaing et de Gien, viconte de Chastelairault, gouverneur de Languedoc et lieutenant général pour monseigneur le roy partout le royaume. A tous ceulx qui ces présentes lettres verront, salut. Comme pour donner provision et garde des places de par deçà, et pour obvier aux entreprinses que plusieurs rebelles et désobéissans de mondit seigneur le roy et de nous ont fait par cy devant et font chaque jour sur aucunes des places fortes de ce royaume, et encores plus pourroient faire, soit besoing entr'autres de pourvoir à la seureté et garde des ville et chastel d'Amboise où fait depresent sa demeure madame la royne et messeigneurs ses enffans et, pour ce faire, là mectre et depputer aucune personne notable seure et féable à mondit seigneur le roy et à nous..... Scavoir faisons que nous considérans les grans, bons et agréables services que a toujours par cy devant faiz n^{re} très-cher et grant ami messire Jehan de Jambes seigneur de Montsoreau et d'Argenton, conseiller et chambellan de mondit seigneur le roy, tant à mondit seigneur le roy, à nous, que à la chose publique de ce royaume..... Icellui, pour ces causes et pour les grans sens, loyaulté, vaillance et expérience qui sont en sa personne avons commis, ordonné et depputé..... à la garde et gouvernement desdites ville et chastel d'Amboise. Et pour ce faire lui avons ordonné et depputé, ordonnons et depputons par ces presentes le nombre et quantité de vingt hommes d'armes et les archers de la charge et compagnie de n^re très cher et féal cousin le conte de Painthievre desquelz il aura la principale charge et gouvernement pendant ceste presente guerre et jusques à ce que par mondit seigneur le roy autrement en soit ordonné. Et, avec ce, lui avons donné et octroyé, donnons et octroyons de par mondit seigneur et nous, pouvoir, auctorité, commission et mandement especial par cesdites presentes de contraindre tous et chacuns les nobles de ladite chastellenie d'Amboise et autres manans et habitans desdites ville, chastel et chastellenie, tant gens d'Eglise que aultres à eulz mectre sus et en armes au mieulx que possible leur sera, et a faire lesdits guet et garde esdite ville et chastel et aussi les reparations ainsi qu'il sera necessaire et que il verra estre à faire pour la seureté et garde d'iceulx et du pays d'environ.... etc.

Donné à Tours le xiij^e jour d'aost l'an de grace mil iiij^c soixante et cinq... etc.

(8) *Lettre des habitants d'Amboise au Roi.*

Au Roy nostre souverain seigneur.

Nostre souverain seigneur nous nous recommandons tres humblement à vostre bonne grâce. Plaise vous scavoir, nostre souverain seigneur, que aujourd'hui xvj^e jour d'aoust est venu en ceste ville d'Amboise vostre maistre d'ostel messire Jehan de Jambes, seigneur de Montsoreau, lequel a apporté un mandement de monseigneur du Maine par lequel il nous est apparu que mondit seigneur du Maine lui a baillé la charge de la garde et gouvernement de voz chastel et ville d'Amboise et avecques ce la charge de mettre en ladite ville et chastel pour garnison vingt lances fornies. Et sur ce, nostre souverain seigneur, nous avons considéré nostre pauvreté et aussi la grant et honnorable charge que vostre bon plaisir fut nous donner de la garde de vosdittes ville et chastel dernierement que partistez d'iceulx pour aller en Bourbonnoys, en laquelle garde nous avons fait et nous sommes gouvernez au moins mal que avons peu faire. Et portant nous avons différé recevoir ledit messire Jehan de Jambes et lesdites xx lances pour la garde de vosdits chastel et ville, jusques à ce que ayons sur ce eu vostre bon plaisir et vouloir. Et pour ce, nostre souverain seigneur, nous vous supplions très-humblement qu'il vous plaise nous commander ce qu'il vous plaira pour nostre descharge, afin que ne puissions, on temps à venir, envers vous estre accusés de faulte et encourir vostre indignation; car nous sommes ceulx qui, en toutes choses, vous voulons servir et obeir sans aucune difficulté comme à nostre souverain seigneur. Nostre souverain seigneur nous prions Dieu qu'il vous donne accomplissement de tous vos haulx et nobles desirs.

Escript en vostre ville d'Amboise ledit xvj^e jour d'aoust.

Vos tres humbles et obeissans subgetz et serviteurs, les manans et habitans d'Amboise.

(9) Le véritable nom du nouveau chef de la garnison d'Amboise était Graleul dit Grelet, *Joannes Graleul dictus* Grelet. Il était de la noblesse de Touraine, seigneur de la Rochebreteau, etc.; il vivait encore en 1486.

Voir Histoire généalogique de la noblesse de Touraine, par le ch. de l'Hermite-Souliers; in-f°, Paris, 1665 ou 1669, p. 278. Un titre de l'abbaye de Baugerais constate une donation faite en 1214 par Guillaume Graleul, chevalier, et son frère Hugues.

(10) Lors de la première invasion des Normands au cœur de la France, en 878, les Amboisiens avaient manqué une belle occasion de signaler leur courage; ces barbares arrivèrent à Amboise qu'ils prirent et brûlèrent. Le moine anonyme de Marmoutiers, en rapportant ce fait, ne semble pas douter que les habitants d'Amboise, *aidés des peuples voisins*, n'eussent exterminé l'armée ennemie.... s'ils l'eussent rencontrée; car il montre de la mauvaise humeur contre ce qu'il appelle la *folie* des Amboisiens, qui furent audevant de l'ennemi du côté où il ne venait pas, ce qui fit que la ville fut prise sans résistance.

« Sic super Ligeris ripas omnia vastantes Ambaziacum pervenerunterunt. Quod oppidum cum paucis defensoribus repertum citò capientes, totum succenderunt, pontemque Ligeris diruerunt....
Quod stultitiâ Ambaziacensium contigit qui, cum vicinis populis, obviam Normannis processerant, putantes eis nocere; qui à Normannis aliâ viâ incedentibus decepti, castrum proprium amiserunt. » (Spic., t. 3, p. 237.)

Plus tard, en 1069, la ville d'Amboise proprement dite, c'est-à-dire la tour de pierre, premier patrimoine des fils de Lizois, fut assiégée vainement pendant cinq semaines par Foulques Rechin,

comte d'Anjou, à la tête de son armée. Voici la traduction de la chronique amboisienne qui rapporte ce fait : « Foulques Rechin
» ayant rassemblé son armée vint assiéger la citadelle d'Amboise
» *(arcem)*. Le comte entra dans la ville par son donjon *(domicilium)*,
» d'où les balistiers et les archers dirigeaient leurs traits sur ceux
» de la tour qui, de leur côté, leur jetaient des javelots et autres
» projectiles ainsi que d'énormes pierres. Ceux du donjon, mieux
» placés que ceux de la tour, leur nuisaient beaucoup en faisant
» tomber sur eux des pierres avec leurs mangonneaux. La plus
» grande partie de l'armée angevine, campée dans le marché près
» de l'église Saint-Denis, envahissait le bourg avec impétuosité;
» ses phalanges armées assaillaient les murailles au son des clairons
» et des trompettes, et brûlaient tout en jetant du feu avec abon-
» dance. Ceux de la tour les combattaient également de toutes ma-
» nières, les frappant sur leurs boucliers et leurs casques, à la tête
» et partout; ils ne cessaient de jeter du feu, tellement que la ville
» fut incendiée par les deux partis, et que même l'église de la Ste
» Vierge (au château) fut brûlée. Le comte attaqua encore la tour
» avec des béliers et autres machines de guerre; mais, pendant
» cinq semaines, il ne leur fit que peu de mal, et voyant qu'il ne
» pouvait venir à bout de son entreprise, il congédia son armée
» qui retourna en Anjou. » *(Ibid,* p. 260.)

Cette description fixe clairement la position de la tour d'Amboise entre les deux bras de l'Amasse, au sud-ouest du château, vers l'endroit où se trouve encore une arcade qui communiquait des anciens murs à ceux qui renfermèrent plus tard la ville jusqu'à la porte Saint-Denis. Cette tour était très-forte et très-élevée; de son sommet on apercevait les clochers de Tours. L'époque où elle fut démolie est inconnue, mais il est vraisemblable que ce fut au commencement du XIIe siècle, lorsque les seigneurs d'Amboise eurent acquis la possession du château où ils durent faire leur demeure. La tradition de cette ancienne forteresse s'est conservée longtemps sous le nom de la Tour-Fondue; peut-être en trouverait-on des vestiges en creusant profondément, le sol de la ville d'Amboise s'étant nécessairement beaucoup élevé.

POITIERS. — IMP. DE F.-A. SAURIN.

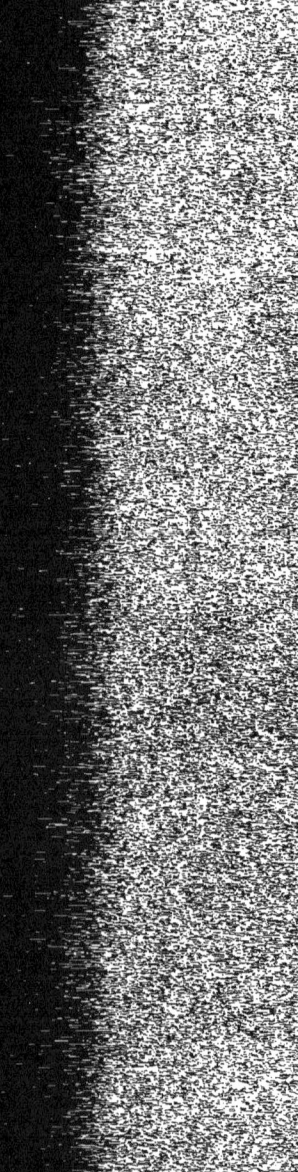

www.ingramcontent.com/pod-product-compliance
Lightning Source LLC
Chambersburg PA
CBHW060553050426
42451CB00011B/1879